LE CRI DE LA VÉRITÉ.

LE CRI

DE

LA VÉRITÉ,

OU

EXPOSÉ DE QUELQUES PRINCIPES

UTILES AU BONHEUR DE LA FRANCE,

Par M. C. de St.-E...

Illi pro Deo et Rege, isti pro falsis numinibus pugnant.

PRIX : **1** FR.

PARIS,

IMPRIMERIE DE DONDEY-DUPRÉ,

Rue Saint-Louis, n° 46, au Marais.

1827.

LE
CRI DE LA VÉRITÉ.

Les révolutionnaires n'ont point renoncé à l'espoir de régler l'opinion publique en France sur leurs principes; ils s'agitent en tous sens pour la corrompre, et paralyser l'action sage et prévoyante du gouvernement. S'ils n'attaquent plus la religion, ils déclarent la guerre à ses ministres; s'ils paraissent encore respecter le Roi, les diatribes les plus amères sont dirigées contre ceux auxquels il a confié l'exécution de ses nobles desseins; enfin, la religion et le monarque ont été constamment outragés, depuis deux ans, dans les objets les plus chers à leur autorité, dans leurs organes les plus sûrs et les plus fidèles.

Les causes de ces désordres ne sont que trop connues, et nous nous proposons de les indiquer toutes successivement; mais, pressé par le tems, nous nous bornerons aujourd'hui à traiter, dans la première partie de cet ouvrage, des abus de la presse, du ministère actuel, des libéraux et de la nécessité de les comprimer.

Dans la seconde, nous proclamerons l'innocence des Jésuites.

Dans la troisième, nous parlerons de la religion et de ses ministres.

Dans la quatrième, de l'opinion publique, et des moyens de l'améliorer.

Enfin, nous publierons plus tard *le Missionnaire religieux et politique*, ouvrage dans lequel nous exposerons ces doctrines salutaires qu'il est si utile d'apprendre ou de rappeler aux hommes, dans un siècle où tout conspire contre leur bonheur.

PREMIÈRE PARTIE.

CHAPITRE PREMIER.

Des abus de la Presse.

Qui n'a pas gémi des écarts scandaleux de la presse? Quel Français, s'il aime un peu sa religion, son Roi et son pays, en voyant exhumer de la poussière les fausses doctrines du xviiie siècle ; de ce siècle qui a préparé et consommé la plus horrible des révolutions, n'a pas dit, dans l'excès de sa douleur : Encore une année, et nous serons peut-être forcés de couvrir d'un voile funèbre et l'autel et le trône!.....

En effet, depuis deux ans les journaux révolutionnaires, et quelques-uns de ceux qui, depuis la restauration, avaient professé les meilleurs principes, ont perverti l'opinion publique, et trahi la plus juste et la plus noble des causes. Les premiers, aidés de leurs auxiliaires les plus sûrs, de ces ouvrages subversifs de toute félicité, n'ont respecté ni la religion, ni le Roi, ni même l'innocence des chaumières. Les seconds, plus circonspects et plus adroits, n'ont point, il est vrai, attaqué la religion dans ses ministres, mais ils ne l'ont point défendue. Ils se sont bornés à inquiéter le Monarque, en persécutant les organes de sa volonté et les dépositaires de sa puissance.

Aujourd'hui, parce qu'il s'agit de comprimer cette licence effrénée de la presse; parce que quelques intérêts particuliers, et surtout ceux de la révolution, doivent être froissés par une loi justement répressive de ses abus, les passions s'irritent, les écrits les plus captieux circulent, les pétitions arrivent de tous les coins de la France ; le ministère est encore outragé dans la personne de M. le garde-des-sceaux, et nous sommes menacés de voir renaître ces insurrections partielles qui nous ont déjà rappelé le souvenir si pénible des trophées d'une faction couverte du sang de ses innombrables victimes.

Mais, quels que soient les projets de ces hommes qui soufflent encore la discorde, et le nombre des individus égarés par les journaux de la capitale, que la France se rassure! Ces ministres, qu'on voudrait avilir, et qui bravent, depuis si long-tems, les indécentes criailleries d'un parti qui ne se soutient que par la calomnie, sortiront encore victorieux de cette lutte nouvelle. Environnés de la confiance du Roi, ils sauront la justifier, par le zèle, la constance et la fidélité avec lesquels ils défendront toujours les droits sacrés de la religion et du trône.

CHAPITRE II.

Des Ministres.

Les ministres du Roi n'ont pas besoin de défenseurs; mais nous avons cru qu'il était utile de
les faire bien connaître, surtout de ces hommes
constamment crédules, qui, soumis au pouvoir
magique des passions, se sont laissés entraîner
par les plus fausses doctrines, et qui, ne croyant
partager que les opinions des royalistes mécontens, se sont identifiés, sans le savoir, avec celles
des ennemis de la monarchie.

Nous étions incertains sur le choix des preuves
à alléguer pour démontrer l'attachement du ministère actuel aux vrais principes, car les preuves
abondent, lorsqu'un de ses ennemis nous a con-
seillé, avec l'ironie la plus amère, de retracer
les époques *mémorables* où les publicistes les
plus célèbres ont fait justice des dernières élections, et de la loi sur la conversion des rentes.
Nous avons, sans balancer, accepté le défi, et
nous laissons au lecteur le soin de juger si nous
avons eu tort ou raison.

ARTICLE PREMIER.

PREMIÈRE ÉPOQUE.

Des dernières Élections.

Le parti des libéraux, qu'aucune puissance ne pourra jamais conquérir, et qui ne peut être comprimé que par *le despotisme des lois*, forte-ment blessé des mesures coercitives qui avaient été employées contre lui par le gouvernement, lors des dernières élections, soupirait après la liberté de la presse, afin de pouvoir l'opprimer à son tour. Le jour où cette liberté fut rendue à la France devint pour lui un jour de triomphe. Alors les libéraux, fortifiés de quelques roya-listes mécontens, dont nous ne pouvons assez déplorer l'erreur, se précipitèrent dans l'arène, et jurèrent d'obtenir, à force d'injures, de calom-nies et de persécutions, la destitution d'un mi-nistère qui avait si bien mérité du Roi et de la patrie.

En conséquence, l'Europe retentit bientôt des outrages qu'ils dirigèrent contre lui, avec une fureur toujours croissante; leurs écrivains por-tèrent même la perfidie jusqu'à reprocher aux ministres (1) « d'avoir établi leur système et leur

---

(1) *Revue politique de l'Europe*, en 1825.

» action, lors des dernières élections, sur la cor-
» ruption des hommes; d'avoir compromis la di-
» gnité royale et la sûreté du trône. »

Quels étranges moyens de nuire que ceux d'une éloquence qui n'a d'autre but que celui de tromper et d'égarer les peuples! quels hommes, à moins qu'ils ne soient eux-mêmes libéraux, ou tout-à-fait stupides, ont pu être dupes d'un charlatanisme aussi grossier?

En effet, comment les ministres auraient-ils pu mériter d'aussi graves inculpations? Ont-ils été fidèles à leur mandat? ont-ils déshonoré leurs fonctions par de basses intrigues? ont-ils trahi le Roi et la patrie? Non, ils ont fait leur devoir, et telle est la cause qui porte les libéraux à provoquer leur disgrâce; mais, analysons les faits, et invoquons, en leur faveur, la justice même la plus sévère.

Avant eux, la France était livrée à des agitations perpétuelles; par leurs soins, les libéraux ont été réduits à l'impossibilité de nuire; et l'hydre révolutionnaire a été obligée de reculer jusque dans ses derniers retranchemens.

L'armée que les révolutionnaires avaient essayé plusieurs fois de séduire et d'égarer, a donné, lors de la guerre d'Espagne, les preuves les plus authentiques de son dévouement et de sa fidélité. Le Roi et son auguste famille sont aujourd'hui l'objet de son amour et de ses plus tendres sollicitudes.

Les ministres avaient été informés du projet de quelques électeurs libéraux, qui s'étaient engagés, lors des dernières élections, à venger l'injure faite à l'évêque Grégoire; mais les intrigues criminelles de ces derniers ont été complètement déjouées, et les ennemis de l'autel et du trône ont été confondus.

Le ministère, pour atteindre le but qu'il s'était proposé, n'a point déclaré la guerre aux consciences, comme quelques écrivains ont voulu nous le faire croire, mais aux passions et aux opinions contraires à la religion et à la monarchie. Il s'est borné à établir des résistances morales partout où il a cru nécessaire d'en créer.

Il a dit, au nom du Roi, aux fonctionnaires publics de toutes les classes : *qui non est pro me, contra me est;* et il a ajouté, avec raison : « Ré-
» glez vos actions sur la volonté du Monarque, et
» sur le véritable esprit de la Charte, ou cessez
» vos fonctions : l'honneur vous en fait un de-
» voir. »

Au nom de cet honneur, qui fait palpiter tout cœur français, et qu'on n'a jamais invoqué inutilement, les ministres ont obtenu la victoire la plus brillante sur les révolutionnaires; et c'est à leur fermeté, à leur courage et à leur persévérance que nous devons cette phalange de députés royalistes sur laquelle reposent toutes les espérances de la religion, la gloire du Monarque et les hautes destinées de la France.

ART. II.

DEUXIÈME ÉPOQUE.

De la Loi relative à la conversion des rentes sur l'État.

Cette loi, qui avait reçu la sanction des trois pouvoirs, devait être aussi respectée que la Charte elle-même, mais il n'en a pas été ainsi ; la liberté de la presse existait. Alors, les ennemis de la monarchie, et ceux de M. Villèle, se sont réunis pour le torturer de toutes manières, et empêcher l'exécution d'une loi que l'indemnité accordée aux émigrés rendait indispensablement nécessaire. Cette question exige quelques détails préliminaires, que nous croyons devoir présenter a nos lecteurs.

Trois partis bien distincts existent en France. Le premier se compose des royalistes ministériels ; le second, des royalistes mécontens ; et le troisième, des libéraux.

Les royalistes ministériels suivent la voie la plus loyale et la plus sûre ; car, on ne peut travailler avec succès à consolider le trône et nos institutions, si l'on résiste à l'impulsion donnée par un ministère vraiment monarchique. Tout raisonnement contraire serait un sophisme auquel nous dédaignerions de répondre.

Les royalistes mécontens se composent des ennemis secrets de M. de Villèle. Nous ne chercherons pas à pénétrer les motifs qui ont provoqué, de leur part, des attaques si contraires à la justice et à toutes les convenances; mais nous ne pouvons nous empêcher de déplorer l'alliance, au moins imprudente, que des hommes qui jouissent, à tant de titres, de la bienveillance publique, ont contractée avec les libéraux, dans une circonstance où il s'agissait de venir au secours des émigrés, et qu'ils aient essayé de déverser le mépris sur un ministre qui avait déjà rendu les services les plus éclatans à la légitimité. L'amour-propre a donc aussi ses instans de délire !.... Cependant, quelle que soit aujourd'hui leur tactique simulée, ils ne peuvent nous tromper. Leur réputation peut pâlir, mais leurs anciennes doctrines survivront à leurs erreurs, à tous les ministères, à tous les événemens; et le flambeau de ces doctrines, destiné à éclairer les siècles les plus reculés, ne s'éteindra jamais.

Les révolutionnaires ne pouvaient pardonner au ministère actuel les lois rendues sur la septennalité, sur le sacrilége, sur l'indemnité des émigrés, etc., etc.; l'heure de la vengeance a paru sonner pour eux. Ils ont pensé que s'ils pouvaient parvenir à empêcher l'exécution de la loi adoptée, M. de Villèle perdrait son crédit; qu'il serait forcé de donner sa démission, et que sa chûte entraînerait peut-être celle des autres ministres.

En conséquence, les écrits les plus outrageans et les plus captieux ont surgi de toutes parts contre M. de Villèle, et contre la loi qu'il avait provoquée; et tous les sophismes ont été employés pour réveiller les passions, semer les inquiétudes et tromper l'opinion publique. Les rentiers ont été séduits ou effrayés, et les banquiers, qui avaient solennellement promis d'étayer la conversion des rentes, ont reculé devant les ennemis du ministère.

Cependant, M. de Villèle, au milieu de tant d'orages et de persécutions, a suivi le plan qu'il s'était tracé. Son courage s'est encore agrandi par les difficultés, et il est parvenu, malgré tous les obstacles amoncelés sur son passage, à opérer la conversion de plus de trente millions de rentes. Que n'aurait-il pas fait, si la malveillance n'avait pas décuplé les résistances pour entraver sa marche? nous en appelons à la justice de toute la France. Ce succès inespéré, et le maintien des 3 pour 100, à un taux convenable, tiennent du prodige, et prouvent, plus que tout ce qu'on pourrait dire, le talent de **M.** de Villèle, et le mérite de son opération.

Nous croyons avoir démontré que les ministres du Roi ont rempli, avec autant de zèle que de fidélité, dans les deux circonstances que nous venons de rappeler, la tâche difficile que le Monarque leur avait imposée. Ils n'ont pas démérité depuis, et nous espérons que la loi à intervenir sur la police de la presse, viendra bientôt accroître le nombre des lauriers qu'ils ont déjà cueillis.

CHAPITRE III.

Des Libéraux.

L'EXISTENCE des libéraux, en France, date de l'époque de la seconde restauration. Ils se composaient des mécontens de toutes les classes. Ils n'étaient alors ni méchans, ni dangereux; et, si la volonté du Roi eût été exécutée, on aurait pu facilement les conquérir; mais les fautes commises pendant le second interrègne n'avaient pas corrigé ces politiques exaspérés qui croyaient encore que le retour des Bourbons et la présence des alliés devaient suffire pour assurer le bonheur de la France.

Les jacobins, depuis long-tems accoutumés à s'emparer de tous les élémens qui peuvent leur être favorables, avaient calculé sur les forces de ces nouveaux auxiliaires, qu'un nouvel ordre de choses rendait nécessairement inquiets et soupçonneux. En conséquence, ils ont caressé leurs passions, aggravé les griefs du gouvernement, souri à leurs alarmes, appuyé leurs prétentions ; et ces hommes, qui se croyaient abandonnés, se sont jetés, sans défiance, dans les bras d'une faction qu'ils ne connaissaient pas, parce qu'elle promettait de les seconder, de les protéger et de les défendre (1).

Alors, les jacobins, dont le nom faisait frémir, se sont couverts du manteau moderne des libéraux.

A dater du jour de cette association, dont les nouveaux adeptes ne connaissaient pas l'infamie, une jeunesse, plus imprudente que coupable, est devenue complice de tous leurs crimes ; et le sang d'un Bourbon a scellé depuis cette horrible alliance.

---

(1) On a dû remarquer la fidélité avec laquelle les jacobins ont tenu à leurs engagemens, lors de l'attentat de l'infâme Louvel, qui croyait encore, sur l'échafaud, échapper au supplice ; lors de la conspiration du général Berton ; enfin, lors de quelques rassemblemens où d'infortunés jeunes gens ont péri victimes de leur dévouement à cette secte aussi lâche que criminelle.

Nous avons déjà dit qu'aucune puissance humaine ne pouvait conquérir les libéraux : nous le répétons encore ; et nous le prouverons jusqu'à l'évidence, en exposant leur religion, leurs principes politiques, les fins qu'ils se proposent, et leurs moyens d'exécution.

ARTICLE PREMIER.

De la religion des Libéraux.

Leur religion consiste à les protéger toutes, en apparence; mais ils n'en professent aucune. Leur secte se compose de pyrrhoniens, de déistes et d'athées; étrangers à tous les cultes, ils n'établissent aucune différence entre les églises catholiques et les temples des protestans, entre la synagogue des juifs et une pagode.

La religion catholique, dominante en France, est à leurs yeux une exception ridicule, un privilége anti-social ; et son culte public, l'observance de ses cérémonies, le respect qu'on porte à ses symboles et à ses signes extérieurs, ne sont que des momeries et des préjugés qui constituent le *fanatisme !*

ART. II.

De leurs principes politiques.

Les principes politiques des libéraux, sont les

mêmes que ceux des *radicaux*, en Angleterre ;
des *sandistes* ou des *teutoniens*, en Allemagne ;
des *carbonari*, en Italie ; des *joséphins* ou des
libéralès, en Espagne ; et des *bolivars*, en Amé-
rique.

Ils provoquent tous les peuples de l'Europe à
la rébellion, jusqu'à ce que ces peuples aient
obtenu le gouvernement représentatif, et re-
poussent toutes les institutions qui doivent en
garantir la fixité : parce que, sans elle, il n'y a
qu'un pas de cette espèce de gouvernement à
une république.

Ils ne veulent qu'un Roi par la Charte, afin
de pouvoir le conserver ou le détrôner, suivant
leur bon plaisir. Enfin, un monarque *par la grâce
de Dieu* est une chimère digne des siècles fabu-
leux, créée pour ordonner un respect aveugle et
une idolâtrie surannée envers le souverain, le
placer hors de l'humanité, abaisser les peuples,
et reculer ce qu'ils appellent LA CIVILISATION.

ART. III.

***

Des fins qu'ils se proposent.

Leur but sera toujours de renverser le chef su-
prême de l'église et la religion catholique ; d'hu-
milier et de détrôner les rois, de détruire les ins-

titutions les plus anciennes, les plus respectables
et les plus saintes, et de fonder des républiques.

Les insensés ne voient pas que, déjà fatiguées
du fardeau de leur existence , effrayées du
massacre de leurs enfans, des crimes et des
déprédations de leurs perfides conseillers, ces
républiques seront bientôt forcées d'implorer le
secours des rois, pour exterminer les coupables
auteurs de leurs désastres et de leur misère.

ART. IV.

De leurs moyens d'exécution.

Les libéraux préludent à la révolte des peuples
par des écrits incendiaires contre la religion et
contre l'autorité légitime; ils séduisent la crédu-
lité par les maximes les plus fausses; ils se servent
tour à tour des armes que l'érudition la plus pro-
fonde, la philosophie, l'impiété et les charmes
du style peuvent offrir, pour corrompre le cœur
et l'esprit. Ils prennent tous les tons et toutes les
formes; ils emploient, avec un égal succès, la
plaisanterie et le pathétique, le genre sérieux, la
compilation la plus savante, le pamphlet et la
chanson.

A ces moyens, qu'ils appellent *moraux*, ils
réunissent un matériel qui n'est pas moins puis-
sant : ils comptent des auxiliaires jusque dans le

palais des rois, et dans toutes les classes de la société. Leur organisation s'étend sur les quatre
parties du monde : ils ont des initiés aussi nom-
breux que dévoués, des correspondans dans les
principales villes de l'univers, des voyageurs et
une caisse qui fournit à tous les besoins de leur
sanguinaire association.

D'après ce tableau, qui n'est que légèrement
esquissé, il n'est pas sans doute un honnête
homme qui ne dise avec M. le duc de Fitz-James:
« Je craindrai toujours moins un jésuite qu'un
» jacobin. »

Mais combien d'individus qui, sans être jacobins, affectent, par ton, par impiété, ou par des
motifs d'opposition qu'on ne peut concevoir, de
partager leurs principes!

Puissent du moins les jeunes gens qui, sans le
savoir et sans le vouloir, compromettent la sûreté
du trône, leur propre bonheur et celui de leurs
familles, repousser avec horreur les insinuations
perfides d'une secte impie, qui ne cherche à les
conquérir, que pour augmenter le nombre de ses
victimes!

CHAPITRE IV.

De la nécessité de comprimer les Libéraux.

Il demeure constant que la secte dont nous venons d'exposer les horribles principes use aujourd'hui des mêmes armes que ses devanciers ; que ses desseins sont les mêmes ; qu'elle marche vers le même but ; que toute transaction avec elle est impossible, et serait même criminelle.

Interrogez les habitans des villes et des campagnes, le pauvre et le riche, des hommes de toutes les classes et de toutes les conditions, chacun vous dira qu'il existe une faction occulte dont toutes les fausses théories n'ont pour objet unique que de faire considérer comme *factieux*, comme *ennemi de la religion et du Roi*, tout catholique, et même tout être raisonnable qui contrarie ses vues ; et que la France, riche, comme le dit l'Angleterre, de sa prospérité présente, et plus encore des espérances que l'avenir lui prépare, n'en est pas moins placée sur les bords d'un volcan dont l'explosion peut devenir aussi prompte que terrible.

Il faut donc s'empresser de réduire les libéraux à l'impossibilité de nuire, ou se résoudre à les voir réorganiser leurs assassins et leurs bourreaux, et célébrer encore leurs triomphes sur les cadavres ensanglantés des plus zélés défenseurs de la légitimité...... Loin de nous cette idée effrayante ! et puisqu'il en est encore tems, appelons à notre secours cette prévoyance salutaire si recommandée par Bossuet, et indiquons deux moyens dont l'exécution nous paraît aussi sûre que facile.

Le premier consiste à purger notre législation des vices révolutionnaires dont elle est encore imprégnée ; le second, à réprimer la licence de la presse.

ARTICLE PREMIER.

Des vices de notre Législation.

Deux puissances existent pour gouverner la France : l'une est spirituelle et l'autre temporelle.

Si l'on parle de la première, sur laquelle repose toute la force des héritiers du trône de Saint-Louis, nos ennemis nous qualifient de *fanatiques*, d'*ultramontains*, de *jésuites*, etc. , etc. ; ils la regardent comme un être imaginaire dont on peut tout au plus amuser les enfans, et la déclarent même, dans leurs combinaisons hypocrites, attentatoire à la majesté et aux priviléges du monarque.

Comme il est facile d'apprécier leurs motifs,

nous n'en sommes que plus empressés à désirer que cette puissance spirituelle qui n'exerce son empire que sur la partie morale de l'homme, dont l'ambition, si on pouvait encore lui en supposer, viendrait échouer contre nos libertés gallicanes, soit connue, appréciée et confirmée par une loi qui, en dissipant tous les nuages dont l'incrédulité a voulu l'obscurcir, proclame la glorieuse mission qu'elle a reçue et qu'elle exerce au nom de son divin auteur.

On nous objectera peut-être que cette loi existe déjà de droit et de fait, et nous sommes loin d'en disconvenir ; mais les trois quarts de la France en doutent ; et il est des circonstances tellement impérieuses que le législateur est quelquefois obligé de rappeler, et même de rendre obligatoires, des préceptes dont le tems et l'erreur ont terni la pureté.

Que dirons-nous de ces miasmes impurs de la révolution, que les ennemis de la religion semblent avoir conservés comme des points de reconnaissance sur lesquels ils fondent leur espoir ? Citons-en quelques exemples :

Le divorce a été détruit en France depuis la restauration, et ses effets subsistent encore ;

Le mariage est un sacrement, et un officier civil laïque peut seul l'administrer légalement ;

L'état civil appartient de droit au clergé, et,

par une opposition qui ne peut être que révolutionnaire, on le lui refuse;

Des fabriques ont. été dépouillées de leurs
biens par leurs communes; elles en réclament depuis long-tems la restitution, et on ne leur rend
pas justice;

Les curés d'un grand nombre de communes
rurales sont exposés aux vexations d'un maire,
parce qu'ils exigent avec raison l'observance des
jours de fête et de dimanche, ou l'exécution de
toute autre mesure que prescrivent leurs fonctions;
et ils sont à peine protégés contre les usurpations.
sans cesse renaissantes d'un administrateur civil,
très-souvent ignorant ou impie, et quelquefois
l'un et l'autre.

Ne soyons donc plus étonnés de voir la plu-
part des églises de campagne désertes, et leurs
pasteurs abreuvés d'humiliations; ne demandons
plus pourquoi le clergé de France, docile aux de-
voirs que lui impose la sainteté de son ministère,
est traité de factieux, ou accusé de domination;
enfin, pourquoi les missionnaires sont outragés
dans leur apostolat, et même exposés aux plus
graves dangers: tous ces désordres, n'en doutons
pas, résultent des vices de notre législation.

Qu'une main sage et hardie arrache du champ
du père de famille les plantes vénéneuses qui cor-
rodent et dessèchent ses moissons; que la Charte

soit mise en harmonie avec la religion ; que l'alliance des puissances spirituelle et temporelle soit solennellement proclamée ; alors la France jouira d'une tranquillité et d'un bonheur que la malveillance ne pourra plus altérer ; et nous verrons bientôt rentrer dans la poussière cette horde sacrilége qui ne porte la main sur l'encensoir, que pour briser plus sûrement le sceptre de nos rois.

ART. II.

De la licence de la Presse.

Comme la nécessité de réprimer la licence de la presse a déjà été reconnue par une très-grande majorité des membres de la seconde chambre législative, et que tous les amendemens qui ont été proposés sur le projet de loi présenté par M. le garde-des-sceaux, auront peut-être été discutés lorsque cet ouvrage sera livré à l'impression, nous nous bornerons aux réflexions suivantes.

La loi dont il s'agit manquera son but si elle n'atteint pas les vrais coupables ; si les ministres de la religion, les dépositaires de l'autorité royale, et les fonctionnaires publics de toutes les classes, peuvent encore être impunément calomniés et outragés dans les écrits périodiques ou non-périodiques ; si enfin les ouvrages qui seront imprimés chez l'étranger, et envoyés en France pour y être vendus, ne sont pas préalablement soumis aux formalités que la prudence semble indiquer.

Nous croyons encore que l'intérêt de la société exigerait qu'une commission fût chargée d'élaguer, des ouvrages de nos philosophes modernes, ce qu'ils peuvent offrir de contraire à la religion et aux mœurs ; la littérature française, épurée de toutes les fausses doctrines qui flétrissent sa gloire, n'en conservera pas moins sa supériorité sur toutes les nations.

N'est-il pas tems enfin de déchirer le pacte fédératif des hérésies contre la religion, des erreurs contre la vérité, et de l'insurrection contre l'autorité légitime ; d'enlever aux générations qui s'avancent la possibilité funeste de s'initier aux mystères iniques des prédicateurs de l'athéisme et de l'anarchie ?

L'horrible Louvel ne s'est-il pas glorifié d'avoir puisé, dans ces sources empoisonnées, la résolution atroce qu'il a exécutée ?

Hélas ! si ces doctrines subversives des lois divines et humaines n'eussent pas été répandues, lors de cet affreux événement, dans toutes les classes de la société, l'infortuné duc de Berry serait peut-être encore au milieu de nous ! Assis aujourd'hui à côté de son auguste père, il effeuillerait sur ses cheveux blancs les roses du bonheur ; heureux époux, heureux père lui-même, tous ses vœux et les nôtres seraient comblés!..... Mais le Ciel en avait autrement ordonné; il a voulu qu'une noble victime fût encore immolée, pour apprendre aux rois que la race des jacobins n'était pas éteinte; que les maximes séditieuses dont nous désirons préserver les générations futures, acéraient le poignard des assassins; et que la religion était la seule digue qu'on pût opposer avec succès à la corruption du siècle et à la fureur des régicides.

Puisse cette leçon terrible ne pas être perdue pour nous, et nous convaincre de la nécessité de détruire les ouvrages sophistiques et anti-religieux qui conspirent sans cesse contre la vie des rois et contre le bonheur des peuples!

Puissent les propriétaires de ces écrits scandaleux donner l'exemple d'un sacrifice utile!

Puissent enfin tous les gouvernemens comprimer, par des mesures aussi promptes que décisives, les efforts d'une faction impie qui ne cherche à exciter des tempêtes nouvelles, que pour moissonner de nouveaux crimes!

FIN DE LA PREMIÈRE PARTIE.

www.ingramcontent.com/pod-product-compliance
Lightning Source LLC
Chambersburg PA
CBHW051204050726
47594CB00007B/3045